THIS DRAWING BOOK BELONGS TO

....

● ●

• •

• •

● ● ● ● ● ● ● ● ● ● ● ● ● ● ● ● ● ● ● ●

●●●●●●●●●●●●●●●●●●●●●●●

• •

• • • • • • • • • • • • • • • • • •

●●●●●●●●●●●●●●●●●●●●●●●

●●●●●●●●●●●●●●●●●●●●●

· ·

●●●●●●●●●●●●●●●●●●●●●●

· ·

●●●●●●●●●●●●●●●●●●●●●●●

••••••••••••••••••••••

●●●●●●●●●●●●●●●●●●●●●

●●●●●●●●●●●●●●●●●●●●●●

••••••••••••••••••••••

· · · · · · · · · · · · · · · · · · · ·

● ● ● ● ● ● ● ● ● ● ● ● ● ● ● ● ● ● ● ●

● ●

●●●●●●●●●●●●●●●●●●●●●

●●●●●●●●●●●●●●●●●●●●●

• •

• • • • • • • • • • • • • • • • • • • •

●●●●●●●●●●●●●●●●●●●●●●●

••••••••••••••••••••••

●●●●●●●●●●●●●●●●●●●●●●●

● ●

• •

· · · · · · · · · · · · · · · · · · · ·

• •

● ●

●●●●●●●●●●●●●●●●●●●●●●

● ●

· ·

•••••••••••••••••••••

●●●●●●●●●●●●●●●●●●●●●●

●●●●●●●●●●●●●●●●●●●●

●●●●●●●●●●●●●●●●●●●●●●●●

• •

● ●

• •

• •

●●●●●●●●●●●●●●●●●●●●●●

• • • • • • • • • • • • • • • • • • • •

● ● ● ● ● ● ● ● ● ● ● ● ● ● ● ● ● ● ● ●

• • • • • • • • • • • • • • • • • • • •

• •

●●●●●●●●●●●●●●●●●●●●●

• •

●●●●●●●●●●●●●●●●●●●●●

•••••••••••••••••••••

●●●●●●●●●●●●●●●●●●●●●●●

● ●

● ●

●●●●●●●●●●●●●●●●●●●●

• •

●●●●●●●●●●●●●●●●●●●●●●

• •

· ·

●●●●●●●●●●●●●●●●●●●●●●

●●●●●●●●●●●●●●●●●●●●●●

●●●●●●●●●●●●●●●●●●●●●●

• •

• • • • • • • • • • • • • • • • • • • •

· ·

• • • • • • • • • • • • • • • • • • • •

....

●●●●●●●●●●●●●●●●●●●●●●●

· ·

· ·

● ●

• •

· ·

●●●●●●●●●●●●●●●●●●●●●

●●●●●●●●●●●●●●●●●●●●●●

●●●●●●●●●●●●●●●●●●●●●●●

•••••••••••••••••••••

● ●

● ●

● ● ● ● ● ● ● ● ● ● ● ● ● ● ● ● ● ● ● ●